Petits Européens

VOYAGES EN ENFANCES

Petits Européens

TOME II

Ce livre est dédié à Colombe Stevens

NICOLE LAMBERT

Petits Européens

de l'Est, du Nord et d'ailleurs

HACHETTE Jeunesse

La Suède est un pays gai
comme son drapeau : jaune comme
le soleil, bleu comme le ciel...
Bleu comme les yeux des enfants,
jaune comme leurs cheveux blonds.
J'habite **STOCKHOLM**, la capitale,
« la ville entre les ponts ».
J'aime bien ma maison, mais tous les week-ends,
je pars avec mes parents retrouver la nature, que nous aimons
par-dessus tout. En Suède, chacun est libre de se promener, de planter
sa tente, de récolter des baies et des champignons où il veut :
c'est l'ALLEMANSTRÄTTEN. Seuls les jardins
autour des maisons et les champs
cultivés sont privés.

Lisbeth à la pêche, de **Karl LARSS**
un très grand peintre s
Il a peint ce qu'il aimait le plus
sa femme, sa maison, qui c
pour leur époque l'idéal du

LA NUIT DE LA SAINT J

ON DANSE AUTOUR DU MAT DÉCORÉ. DA

SE COUC

DEU

LA MONNAIE

La couronne suédoise

LES ALLUMETTES

Lorsqu'en 1906, elle écrivait
« **Le merveilleux voyage de NILS HOLGERSSON à travers la Suède** »,
l'histoire d'un petit garçon qui découvre son pays sur le dos d'une oie sauvage,
Selma LAGERLÖF pensait qu'elle écrivait
un simple manuel de géographie pour les élèves de cours moyen…
En fait, « NILS » devint l'un des plus célèbres livres d'enfants du monde.

(1853-1912),
s.
ept enfants,
présenté
suédois.

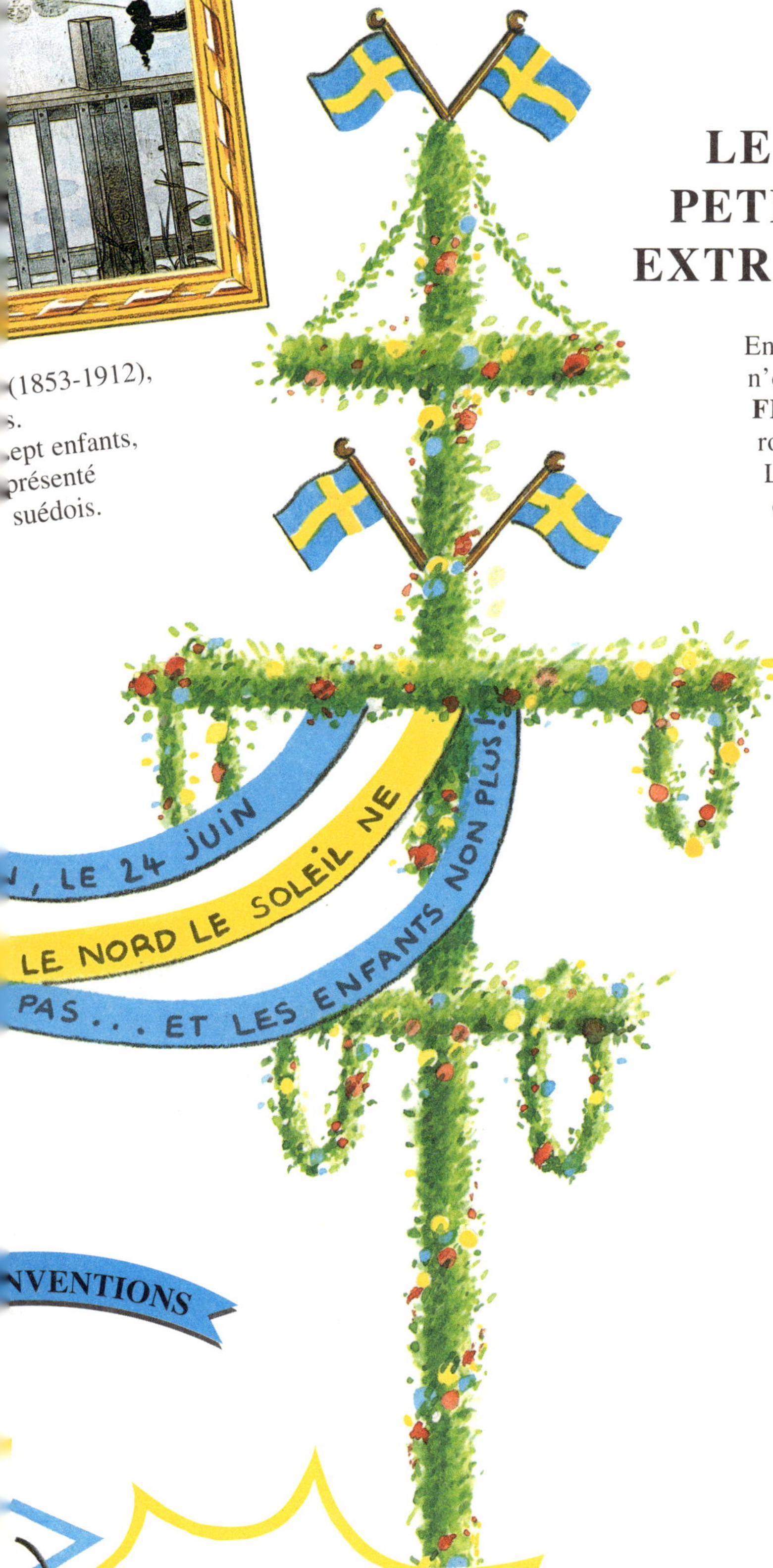

LE PAYS DES PETITES FILLES EXTRAVAGANTES

En Suède, les petites filles n'ont peur de rien, comme **FIFI BRINDACIER,** l'héroïne des livres d'Astrid LINDGREN. **FIFI fait tout ce qu'elle veut dans la vie** : elle habite toute seule dans une drôle de maison, avec son cheval et son singe. Elle est très riche, très forte et très impertinente. Elle a une drôle d'allure avec ses taches de rousseur, ses grandes chaussures et sa robe qu'elle a cousue elle-même. Les nattes de ses cheveux roux rebiquent droit sur sa tête, comme les cornes des casques des Vikings, dont elle est la digne descendante.

Si FIFI est un personnage imaginaire, **la reine Christine (1626-1689)**, elle, a vraiment existé.
A six ans, elle succédait au roi son père.
A huit ans, elle parlait couramment le latin et le grec ancien.
A douze ans, elle correspondait avec Descartes.
Elle refusa toujours obstinément de se marier (ce qui ne se fait pas pour une reine).
A vingt-huit ans, lassée du pouvoir, elle passe la couronne à son cousin malgré les supplications de ses sujets, et part vivre en Italie.

NVENTIONS

LA DYNAMITE

(Est-ce pour se faire pardonner de l'avoir inventée que le savant **Alfred NOBEL** créa le très célèbre **prix NOBEL de la paix ?**).

Au nord, pendant le long jour polaire, le soleil ne se couche jamais, mais semble rebondir sur l'horizon, dans une étrange lumière.

Nom le plus répandu :
SVENSSON

L'été, on prend son panier d'écorce de bouleau, et on part dans la nature ramasser toutes sortes de **baies** : myrtilles, fraises, airelles, cassis, framboises, groseilles, et les **baies polaires**, sortes de mûres orangées au goût délicieux, qui ne poussent que dans le Grand Nord.

MA MAISON

On vit au-delà du cercle polaire, à
Suède, la Finlande et la
On pêche, on élève les rennes,
On se déplace en **scoote**

le meilleur
PETIT DÉJEUNER
de l'année

Le matin de notre anniversaire, on nous réveille en nous apportant le petit déjeuner au lit, avec les cadeaux et le gâteau d'anniversaire.

UN BONBON

LE POLKAGRIS

La nuit est sombre hère.
Autour des fermes et
des maisonnettes
le soleil s'éloigne de la terre.
Autour de la terre que
le soleil abandonne
ne restent que les ombres
qu'on projette.

Dans notre sombre maison
sous la lueur des bougies
apparait
Sainte Lucie
Sainte Lucie.

SPORT FAVORI

L'ORIENTERING, le plus suédois des sports, est une sorte de course où chacun, armé d'une carte et d'une boussole, doit retrouver son chemin ns la nature, et parcourir un itinéraire donné (on doit faire poinçonner son ticket à l'arrivée).

TACK! TACK! TACK!

Qu'est-ce que ces TACK, TACK, TACK que l'on entend partout en Suède ???
En tout cas ce n'est pas le bruit des mitraillettes, car les enfants n'en ont pas : tous les jouets incitant à la violence sont interdits à la vente.

TACK! TACK!

…En fait, « TACK » veut dire « merci » en suédois, et comme chez nous on est très polis, c'est un mot qui revient sans cesse dans la conversation.

val sur la
ege.
upe le bois.
s neiges.

On collectionne les petits chevaux de bois sculpté, fabriqués dans la province de **Dalécarlie**.

Dans le petit matin sombre du **13 décembre**, on peut voir les processions de **SAINTE LUCIE**.
La jeune fille qui personnifie Lucie marche en tête, coiffée d'une couronne de bougies. Ses demoiselles d'honneur tiennent un cierge à la main. Comme si elles apportaient la lumière (Lucie vient du latin « lux », lumière), elles vont dans les maisons, les rues, les écoles, les hôpitaux, les bureaux…! Elles chantent et offrent du café et de délicieuses brioches au safran.

Dans la nuit profonde et silencieuse
on entend dans toutes les chambres
un frétillement d'ailes.
Regarde : Sur le seuil de notre porte
se tient quelqu'un debout
Vêtu de blanc, portant
des bougies sur la tête.
Sainte Lucie
Sainte Lucie.

L'obscurité va bientôt disparaître
dans la vallée de la terre.
Alors, elle va nous dire
un message merveilleux.
Le jour va bientôt apparaître
sous un ciel tout rose
Sainte Lucie
Sainte Lucie.

J'habite près d'**HELSINKI**, la capitale, une ville au bord de la **mer Baltique**, qui est comme **un puzzle de terre et d'eau**. L'eau est partout dans mon pays, qui compte **188 000 lacs** où se reflètent d'immenses forêts. **L'hiver** dure plus longtemps que les trois autres saisons réunies. Dans le Nord, pendant le **Kaamos**, la longue **nuit polaire**, **le soleil ne se lève pas pendant 52 jours.** **L'été**, par contre, **il reste 67 jours au-dessus de l'horizon.**

L'une des statues colossales de la gare d'Helsinki

L'hiver, seuls les **brise-glace**, très puissants navires, arrivent à se frayer un chemin sur la mer gelée.

LE PETIT DÉJEUNER

Virvon varvon
tuoreeks, terveeks,
tulevacs vuodeks,
Vista sulle,
palkka mulle.

Que tout aille bien cette année,
cette branche de bouleau
est pour vous.
Mais donnez-moi
un petit quelque chose !

...C'est la petite poésie que les filles, déguisées en sorcières, vont réciter à Pâques. On leur offre des œufs en chocolat en échange de leurs rameaux décorés de plumes.

Nom le plus répandu :
VIRTANEN

…ES BONBONS

…TURKINPIPPURI, réglisses avec un cœur épicé
rappelant les épices de Turquie)

La Finlande est l'un des pays au monde où les enfants lisent le plus. Nos livres préférés sont ceux des **MOUMINES**, célèbres dans le monde entier. Ecrits et illustrés par **Tove JANSSON**, ils racontent les aventures d'**une famille de trolls**, tout d'abord étranges, mais en qui nous nous reconnaissons petit à petit. **Maman Moumine**, avec son grand cœur et son inépuisable sac à main, est l'un des plus beaux personnages de maman de la littérature enfantine.

Les nuits claires d'hiver, on guette les **AURORES BORÉALES**, qui ondulent dans le ciel comme de magnifiques rideaux lumineux, passant par toutes les couleurs de l'arc-en-ciel. **Les Lapons** les appellent **REVONTULET**, les « feux du renard », d'après la légende qui veut qu'un renard, en courant, ait effleuré la neige de sa queue en panache, et envoyé au ciel un **poudroiement magique**.

RATIRIT
La chanson

L'hiver est arriv
les cheveux givrés,
des chaussettes
L'hive

MA MAISON

UNE INVENTION

Les **hommes préhistoriques** finlandais ont inventé les « **pieds qui glissent sur la neige** ». Faits de pierre, d'écorce, ou de bois, **ils sont les ancêtres du ski**.

UN ANIMAL

Le **RENNE**, qui vit en **Laponie**.

Les enfants de la campagne vont à skis à l'école, même si elle est à plusieurs kilomètres de chez eux.

On apprend à skier très tôt, souvent en même temps que l'on apprend à marcher.

Petite fille à la barrière, de **Hélène SCHJERFBECK** (1897-1902)

Vraie adresse *du Père Noël, qui habite en Finlande*

Nom finlandais du Père Noël

Dans la bonne chaleur du **SAUNA**, on se **réchauffe**, on **transpire** et on se **détend**. Pour faire circuler le sang, on se fouette avec des branches de bouleau odorantes, puis, lorsque l'on est bien brûlant, on court **se rouler dans la neige**, ou **se plonger dans les lacs gelés**. Autrefois, les enfants naissaient dans le sauna.

Le **SISU** est très important pour nous. C'est un **modèle de conduite**, de courage, de force, et de patience, que l'on apprend dès l'enfance.

er, on casse la glace pour pêcher dans les lacs. C'est la **PILKKIKALASTUS**.

Vienne est une **vieille ville** très belle où le temps semble parfois s'être arrêté, où l'on **danse** encore **la valse**, et où les **maisons baroques** ressemblent aux merveilleuses **pâtisseries** dont nous raffolons.

Nom le plus répandu :
BAUER

La **Confirmation** est un gr
notre vie. A Vienne, après la cé
Saint-Etienne, toute la famille
d'attractions) dans un fiacre dé

UN POÈME

Je suis un enfant
de la ville.
Les gens disent
(en se moquant de moi)
qu'un enfant de la ville
n'a pas de patrie.
Il est vrai que dans mes jeux
les forêts
ne frémissent pas;
il y a le bruit des pavés.
Et pourtant tu es
une chanson pour moi,
ville chérie...

Anton Wildgans (1881-1932)

MA MAISON

UN BONBON

MOZART KUGELN : Délicieuses grosses boules de **massepain** et de **chocolat praliné**.

Il faut être
Sängerknab
se partagen
chapelle ro
entier. Leu

énement dans
ie à la **cathédrale**
Prater (grand parc
e fleurs blanches.

PÂQUES

Le **dimanche** de Pâques on se réveille à l'**aube** pour surprendre le lapin de Pâques **(Osterhase)** qui passe pour cacher des œufs et des bonbons dans le jardin. Malheureusement, on ne se lève jamais assez tôt pour l'apercevoir !

L'**après-midi** de Pâques, on joue avec les œufs colorés : on les jette très haut, et celui dont l'œuf ne se casse pas a **gagné**.

LA MONNAIE

Le shilling

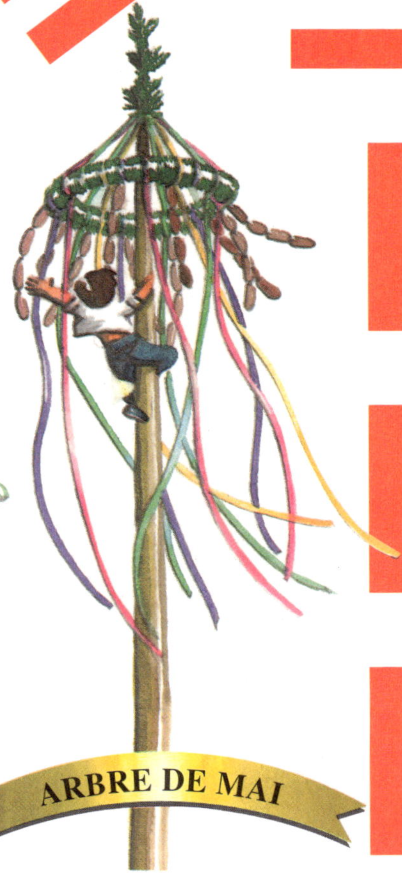

ARBRE DE MAI

Le 1er mai, **à la campagne**, on dresse un « **Maibaum** », arbre de mai. Au sommet, on attache une couronne de branches, de guirlandes et de saucisses. Les garçons y grimpent pour attraper les saucisses, ou pour prouver leur vaillance à leurs petites amies (le tronc est enduit de savon pour que ce soit plus difficile).

Aux «Kirtag», fêtes de villages, on achète des cœurs en pain d'épice.

Certaines grandes personnes se demandent si le grand **sculpteur MESSERSCHMIDT** (1732-1783) était fou, mais les enfants, eux, savent qu'il était **génial**.

J'HABITE UNE MAISON
DESSINÉE PAR
PEINTRE HUNDERTWASSER,
HAIT LA LIGNE DROITE, QUI
ISE QUE LES VILLES ONT BESOIN
COULEURS, ET QUE LEURS
BITANTS ONT DROIT
"À L'ARBRE" ET "À LA FENÊTRE"

LES PUCES

A Vienne, **un samedi par mois**, on peut aller au bord du Danube vendre ses vieux jouets au « **marché aux puces des enfants** ».

CHŒUR D'ENFANTS

doué pour entrer dans le **chœur des petits chanteurs de Vienne** (*Wiener*
ondé en 1498 par **Maximilien I er**. Les petits garçons vivent en internat, et ils
l'école et la musique. Tous les premiers dimanches du mois, ils chantent à la
ous les ans au concert du Nouvel An. Ils donnent des concerts dans le monde
ère se termine lorsqu'ils grandissent et que leurs voix se transforment.

Toutes les petites filles rêvent de **SISSI,** fille du duc de Bavière qui l'appelait son « enfant de Noël » car elle était née le 24 décembre. Elles connaissent toute l'histoire de ses fiançailles avec l'**empereur** d'**Autriche François Joseph** : il devait se marier avec sa sœur aînée, mais quand il vit Sissi, âgée de **seize ans**, toute de blanc vêtue comme une petite fée, il fut tellement ébloui que c'est elle qu'**il épousa.**

Le petit **MOZART** avait six ans
l'impératrice **Marie-Thérèse d'A**
glissa sur le parquet ciré, et fut rattra
Antoinette (qui devait plus tard ép
gentille qu'il la demanda en mariage
musique : à **six ans** un menuet, à sept
premier opéra. **Il devint l'un des**

UNE DÉCOUVERTE

Le petit **Hans** était presque fou, tant il avait **peur** des chevaux. Il fut soigné par le docteur **FREUD**. Celui-ci pensait que nous nous cachons à nous-mêmes une très grande partie de nos sentiments, qu'il appela « **l'inconscient** », et que cela pouvait parfois nous rendre malades. Il inventa **la psychanalyse**, une manière de guérir les gens en leur rappelant toutes ces choses cachées.

Le **6 janvier**, on se d
on va **chanter** dans
donnent de l'argent
bonbons. Avec de la
et l'année s

* *Kaspar, Melc*

La télévision a
la **MINIZIB**,
d'actualités
Tous les jours,
la regardent, e
et technicien

UNE CHANSON

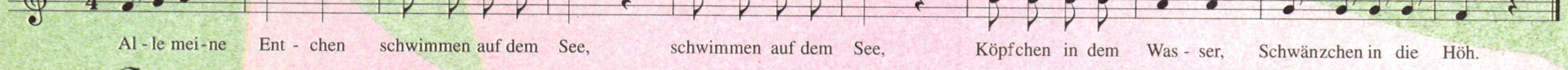

Tous mes petits canards nagent à travers le lac, nagent à travers le lac, la tête sous l'eau, la queue en l'air.

ait déjà si bien du piano que
l'invita à jouer devant elle. Il
la fille de l'impératrice, **Marie-**
e roi de France). Il la trouva si
nmença très tôt à composer de la
symphonie, et à douze ans... son
ens les plus aimés du monde.

en **rois mages** et
s. Les gens nous
s pauvres, et des
on écrit K+M+B
portes*.

Balthazar.

enne a créé
émission
s petits.
0 enfants
urnalistes
vaillent.

UN ÉCRIVAIN

...préféré des enfants

On adore les livres de **Christine Nöstlinger**. Surtout les histoires de **Franz**, un garçon très petit pour son âge, très mignon, tout bouclé, qui s'énerve quand on le prend pour une fille.

UN TABLEAU

Mäda Primavesi
de Gustav KLIMT (1862-1918)

SAC DE MEUNIER

« Sac de meunier, sac de meunier, le meunier reçoit un paquet. S'il n'est pas chez lui, on jette le paquet derrière la maison. »

Les parents balancent l'enfant,
et, à la fin de la chanson, le jettent sur un canapé.

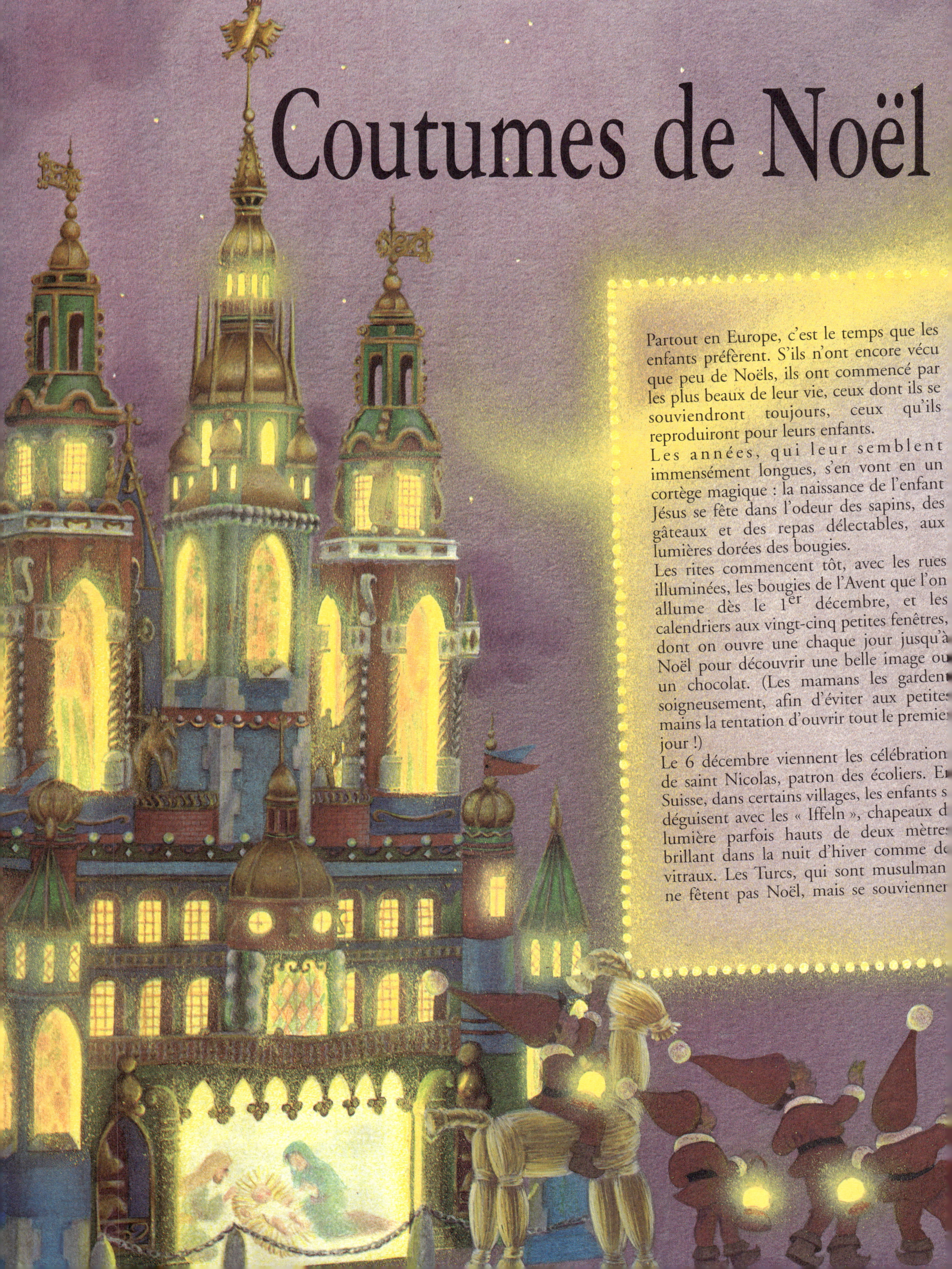

Coutumes de Noël

Partout en Europe, c'est le temps que les enfants préfèrent. S'ils n'ont encore vécu que peu de Noëls, ils ont commencé par les plus beaux de leur vie, ceux dont ils se souviendront toujours, ceux qu'ils reproduiront pour leurs enfants.

Les années, qui leur semblent immensément longues, s'en vont en un cortège magique : la naissance de l'enfant Jésus se fête dans l'odeur des sapins, des gâteaux et des repas délectables, aux lumières dorées des bougies.

Les rites commencent tôt, avec les rues illuminées, les bougies de l'Avent que l'on allume dès le 1er décembre, et les calendriers aux vingt-cinq petites fenêtres, dont on ouvre une chaque jour jusqu'à Noël pour découvrir une belle image ou un chocolat. (Les mamans les gardent soigneusement, afin d'éviter aux petites mains la tentation d'ouvrir tout le premier jour !)

Le 6 décembre viennent les célébration de saint Nicolas, patron des écoliers. En Suisse, dans certains villages, les enfants s déguisent avec les « Iffeln », chapeaux d lumière parfois hauts de deux mètres brillant dans la nuit d'hiver comme de vitraux. Les Turcs, qui sont musulman ne fêtent pas Noël, mais se souviennen

que saint Nicolas, évêque de Myre, venait de leur pays. Ils le vénèrent sous le nom de « Klaus Baba ».
Puis c'est, le 13 décembre, la Sainte-Lucie suédoise et ses processions de jeunes filles coiffées de lumières, et enfin Noël arrive, avec ses serviteurs magiques, qui diffèrent légèrement suivant les pays :
En Russie, le Père Noël se nomme « Diet Maross » et vient frapper à votre porte acompagné de Sniegorouchka, la fée des Neiges aux cheveux d'or.
En République tchèque, les cadeaux sont apportés par le Petit Jésus, dont plus d'un enfant, à la lumière tremblante des cierges, a cru voir s'animer les statues délicates de cire et d'or.
En Pologne, on va admirer les hautes crèches en forme de cathédrales que l'on promène dans les rues.
En Suède, le Père Noël est petit et tout maigre, une sorte de lutin que l'on appelle « Jultomte ».
En Finlande, où il a son château, ses ateliers et sa poste centrale, il a retrouvé son ventre rebondi, et se nomme Joulupukki. Il est accompagné par de petits elfes aux bonnets rouges, qui préparent son traîneau pour le grand voyage, et par le bouc de Noël, fait de paille, qui descend du très ancien dieu viking Thor.
Le jour de Noël, tout le monde reste en famille, à la maison, pour manger les bonnes choses de la tradition : les grosses papillotes hongroises, frisées et brillantes comme des boules de Noël ; la marmite de bouillie scandinave (dans laquelle on cache une amande, qui désignera le premier futur marié) ; les carpes polonaises ; les innombrables petits gâteaux au miel roumains.
Le Nouvel An approche, avec ses mystères. Dans plusieurs pays, cette nuit-là, on dit que les animaux parlent. Les jeunes filles font fondre de l'étain à la flamme d'une bougie, et le jettent dans l'eau froide. Les étranges formes que prennent les morceaux de métal aident à prédire l'avenir : une forme de clé présagera une maison, un anneau, un mariage...
Mais les réjouissances ne sont pas terminées : il reste les Rois Mages, le 6 janvier, avec encore d'autres chansons et d'autres gâteaux.
Ce sont les Suédois qui arrivent à faire durer la fête le plus longtemps, jusqu'au 13 janvier, la Saint-Knut, où l'on se réunit à nouveau pour dépouiller le sapin de ses décorations et le jeter par la fenêtre !

UNE INVENTION

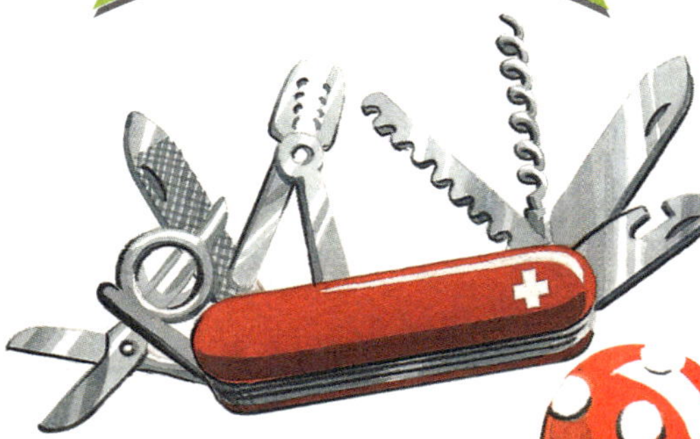

Le couteau suisse

BONBONS

Les **SUGUS**
acidulés, parfumés aux fruits.
Consistance tendre et délicate.

En **Suisse,** personne ne ressemble à personne. **On parle 4 langues** (l'Allemand, le Français, l'Italien, et le Romanche. J'habite à **BERNE**, la ville fédérale, dont le nom vient du mot « **Bär** » *(ours)*. On en trouve de toutes sortes : en chocolat, en pain d'épice, en statues sur les fontaines, et même en vrai, dans la célèbre fosse aux ours. (La grande folie, au printemps, est d'aller voir les oursons nouveau-nés.) Tous les ans, Berne offre un ourson à la ville de **Berlin**, elle aussi symbolisée par un ours.

UN TABLEAU

Le portrait de son fils, par **Johannes ITTEN**
(1922)

On ne devait pas s'ennuyer dans le collège de **Rodolphe TÖPFFER** (1799-1846)
qui ont fait rire des milliers d'enfants jusqu'à nos jours. Il fut l'**un des précu**

Noms les plus répandus
Suisse alémanique : **MEIER**
Suisse romande : **ROCHAT**
Suisse italienne : **BIANCHI**
Suisse romanche : **CADOSCH**

En Suisse on n'a que **2** joues mais on s'embrasse **3** fois.

Jean PIAGET (1896-1980) commença très tôt sa carrière scientifique : il publia son premier article à l'âge de **11 ans** ! Il devint un grand savant, qui, toute sa vie, **observa les enfants**, étudiant leur manière de voir le monde et la formation de leur pensée.

Les Suisses **détestent l'imprécision**. Les enfants sont élevés avec un sens de la rigueur et de la ponctualité. **Les montres suisses sont les meilleures du monde**.

C'est un Suisse, **Henri DUNANT** (1828-1910), qui, bouleversé par l'horreur de la bataille de Solférino, eut l'une des idées les plus généreuses de l'histoire de l'humanité : **LA CROIX ROUGE**, organisation qui secourt les blessés, les prisonniers, les réfugiés, et des millions d'enfants à travers le monde.

Il écrivit et illustra de nombreux albums **de la bande dessinée**.

eve.

Les étranges machines du grand sculpteur **TINGUELY** dessinent, peignent, arrosent les gens, cassent les assiettes, émettent des bruits étranges avec un sens de l'humour certain. Elles peuvent aussi se détruire elles-mêmes, ou comme celle-ci, la **Rotozaza**, lancer des ballons.

Le cor des Alpes

la vieille — *la jeune* — *la grand-mère* — *la boiteuse* — *la puante* — *la paresseuse*

la mouchetée

LE RANZ DES VACHES

Lioba! Lioba! Ainsi commence cette chanson magique que les bergers chantent à leurs troupeaux depuis le Moyen Age. Entre les couplets, on appelle chaque vache par son nom. Ce chant était si émouvant qu'il était interdit de le jouer dans les armées où les Suisses servaient comme mercenaires : en l'entendant, ils étaient envahis de mal du pays... et désertaient. Avec le lait délicieux, on fait un fromage, **le gruyère,** et du **chocolat au lait** (invention suisse !).

l'éblouissante

la brillante — *celle qui frappe du pied* — *celle qui vient de la vallée du Hali* — *la capricieuse* — *la pâle*

la fière qui dresse la queue

On est les champions du monde des mangeurs de chocolat (10,9 kg par an et par habitant.)

LE DAHU

A-t-il des **plumes** ou des **poils** ? Court-il en rond à la poursuite de sa queue **?** **Ou** a-t-il les **pattes de devant plus courtes que celles de derrière**, pour pouvoir tenir droit dans la pente **?** La seule chose dont on soit sûr à propos de cet animal des montagnes suisses, c'est son nom : le DAHU.

A **Genève**, pour la **fête de l'Escalade**, en souvenir d'une dame qui avait jeté le pot de sa soupe sur un assaillant savoyard (1602), on offre aux enfants des **marmites en chocolat** garnies de **légumes en pâte d'amande**.

Cénov
(sorte de pâ
végétale, sale
que l'on ador

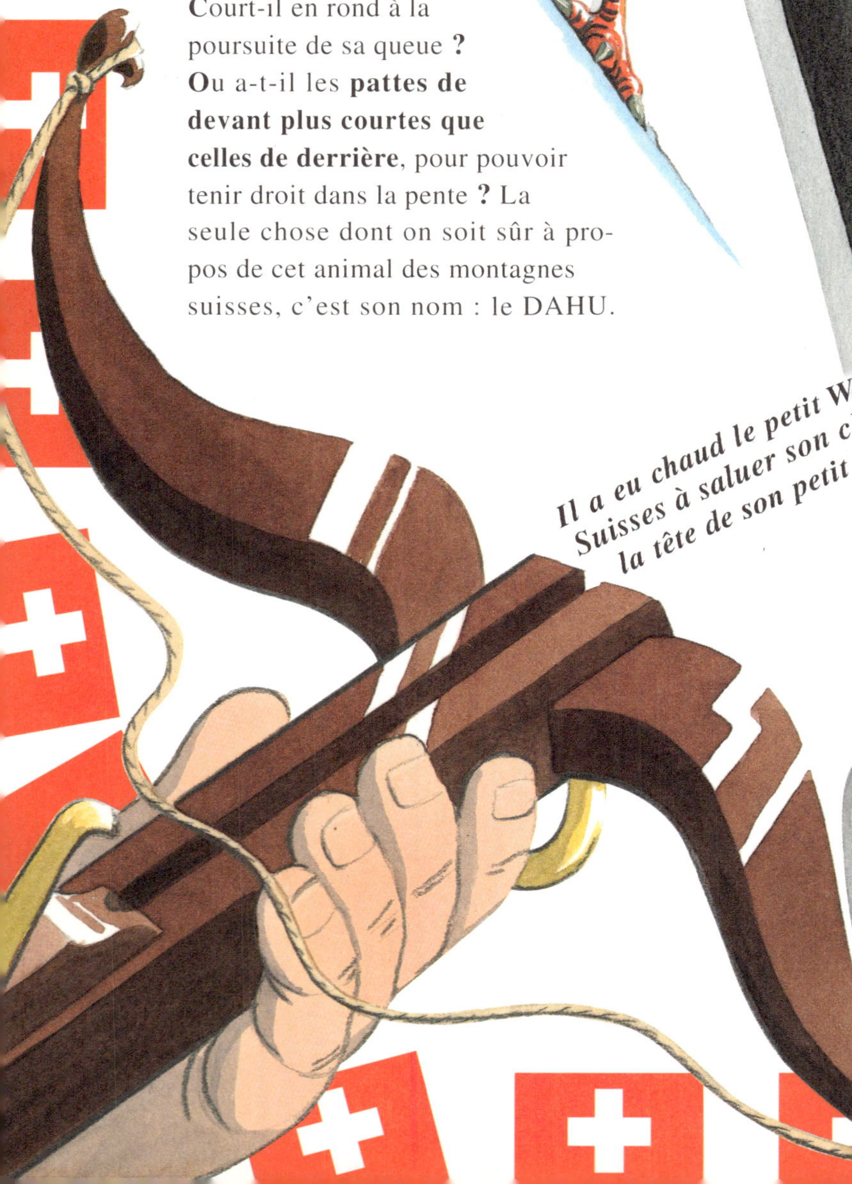

Il a eu chaud le petit Walter ! Heureusement que son papa était bon tireur ! Il était fier et têtu aussi : il refusa
Suisses à saluer son chapeau planté au bout d'une pique. (A l'époque, les Autrichiens dominaient la Suisse
la tête de son petit garçon. GUILLAUME TELL réussit son coup, s'évada et tua le bailli, devenant ainsi l

QUAND LES SUISS

Cela fait beaucoup de bruit : chahuts, carnaval
A chaque bourg sa tradition, ses costumes, s
cloche, à coups de fouet, on fête le reno
Les enfants s'enfuient devant les masques te
mauvais esprits. Il y a même un défilé qu
étranges **Nünichlingler** (sortes d'ancêtres mé
leurs chapeaux noirs de deux mètres de haut.
fenêtre, ils lui barbouillent le visage de suie a

A Zurich, en septembre, tous les écoliers participent au concours de tir (avec de vraies balles), pour essayer de devenir « ROI DES TIREURS ».

UN POÈME

OÛTER

Ovomaltine

Pain beurré

LIVRE PRÉFÉRÉ

Heidi
de **Johanna SPYRI**
(1880).
C'est l'histoire d'une petite fille orpheline qui va vivre dans la montagne avec son grand-père.

LE SKiii est notre sport favori

laisser humilier par le cruel bailli GESSLER, qui forçait les
ur le punir, Gessler l'obligea à tirer sur une pomme placée sur
mier héros de la lutte pour l'indépendance de la Suisse.

E DÉCHAÎNENT

landamarz, charivaris…
rades. On chasse les **démons** à coups de
de la nature en s'habillant en arbre.
nts, les cornes et les peaux de bêtes des
onne n'a le droit de regarder, celui des
s du Père Noël), tout vêtus de noir, avec
petit curieux tente de les regarder par la
urs chiffons montés sur de hautes piques.

Avec de la paille, on apprend à faire des décorations très jolies et très compliquées. On les suspend dans la maison, ou dans l'arbre de Noël.

UNE DÉCOUVERTE

Nicolas Copernic, astronome (1473-1543), démontra que la terre tournait autour du soleil comme les autres planètes, et n'était pas, ainsi qu'on le croyait au Moyen Age, le centre du monde.

J'habite à VARSOVIE, la capitale. On raconte que la ville (« Warszawa » en polonais) fut fondée
par deux amoureux, Wars et Zawa, qui pêchèrent une sirène dans les eaux de la Vistule. La sirène prédit un grand avenir
à la cité qu'ils bâtiraient. Sept cents ans après, elle figure toujours sur le blason de la ville, armée d'une épée et d'un bouclier car Varsovie
dut souvent se défendre au cours de l'histoire. (Ses habitants, aujourd'hui encore, la reconstruisent après les terribles destructions de la dernière guerre.

Le petit Frédéric marchait à peine, qu'il adorait déjà la musique. Il se cachait pendant des heures sous le piano de sa maman pour l'écouter jouer. Plus tard, il devint le pianiste le plus célèbre de son époque, et un très grand compositeur.

LE BÉBÉ CHOPIN

L

Très profond sous la terre, dans les mine
l'un des endroits les plus mystérieux
se trouve une sorte de cathédrale où tout
des cristaux de sel : les lustres, les voûtes, les piliers
KINGA, fille du roi de Hongrie. On raconte qu'en
à son époux polonais, le sel de son anc

UN BONBON

LE KROWKI
(on dit « krouvki »).
Gros caramel,
au lait
et au beurre,
de consistance
légèrement friable.

A l'autre bout de la Vistule, une autre ville et une autre légende : Cracovie la magnifique, où un terrible dragon du nom de SMOK faisait régner la terreur, dévorant les chèvres, les chevaux, les moutons, les notables et surtout... les jeunes filles. C'était au Moyen Age, au temps du prince KRAK. Il promit la main de sa fille à qui tuerait le dragon. C'est SKUBA, un brave cordonnier, qui trouva la solution : il remplit de poudre et de soufre une peau de mouton. Le dragon n'en fit qu'une bouchée. Il eut beau se précipiter dans la Vistule et boire des litres et des litres d'eau, il ne parvint pas à éteindre le feu qui le dévorait... et il explosa.

RINCESSE
E SEL

Wieliczka,
logne,
illé dans
statue de la princesse
elle apporta en dot,
patrie.

UNE CHANSON

Petite fille à la bougie,
de Stanislas Wyspianski (1869-1907).

LA MONNAIE

le sloty

COMMENT
FAIRE
LES NATTES À LA POLON

Les petites filles adorent avoir les cheveux longs... **Plus ils** tresse avec des rubans pour les allonger encore. C' qui me fait mes nattes le matin. Elle s'occup comme tous les grands-parents en

Fais une raie pour partager les cheveux en deux.

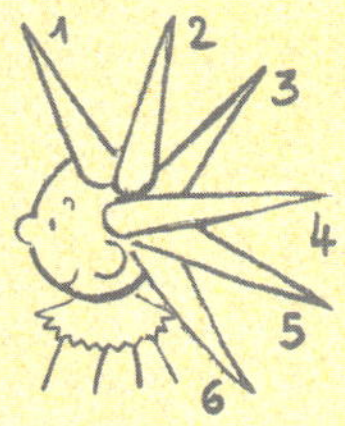

Prends six mèches.

Enroule un ruban autour de la mèche n°2.

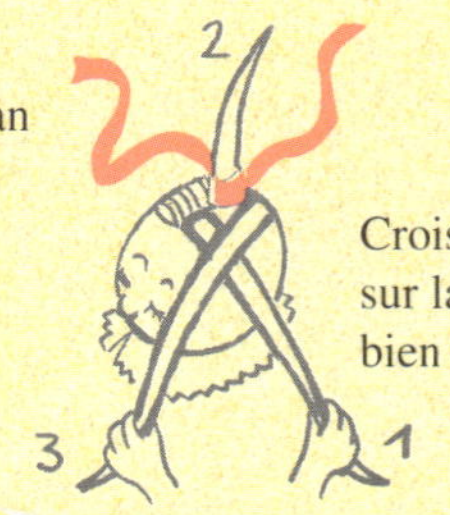

Croise la n°3 sur la n°1, bien à la racine.

Notre **SPORT PRÉFÉRÉ** est l'équitation.

On est aussi très fort en découpages.

Plie une feuille en accordéon.

Trace ton dessin simplifié sur le dessus.

Découpe tout autour. Attention ! Il ne faut pas découper les pliures au niveau des museaux et des queues. Déplie, c'est fini !

UN POÈME

omme les rayons du soleil,
A travers les murs,
Se glissent dans une chambre
Pleine d'ombres obscures,
Les petites poussières
Flottent, et les enfants
Les attrapent. Mais
Il ne leur reste
Dans la main
Que du vent...

Andrezej Morszlyn
(1613-1693)

ngs, plus c'est chic ! On les
grand-mère chérie
ucoup de moi,
ne.

Prends la n°2 et la n°4 ensemble, toujours à la racine. On se retrouve avec une mèche dans chaque main (1+3 et 2+4). Recroise en allant chercher dessous la mèche n°5.

Et ainsi de suite... Le ruban est tressé avec les mèches jusqu'à l'extrémité de la natte, où on le noue. Il doit être très long.

Il ne reste plus qu'à faire l'autre natte. Cela paraît difficile quand on l'explique, mais quand on a « pris le coup », on ne peut plus s'arrêter!

Recettes de cuisine

« Le patriotisme est le souvenir de ce que l'on a mangé dans son enfance. »
LIN YUN T'ANG

PALACSINTA

(Crêpes)

HONGRIE

200 g de farine
3 dl de lait
2 dl d'eau
3 œufs
0,75 dl d'huile
1 pincée de sel

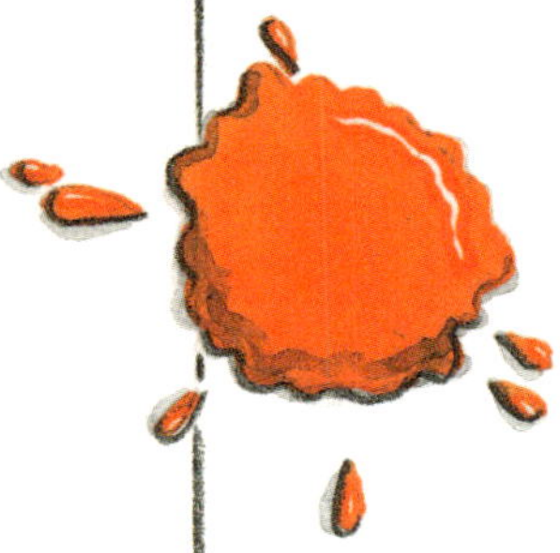

- Fais un puits dans la farine.
- Casse-y les œufs.
- Tourne doucement.
- Ajoute petit à petit les autres ingrédients.
- Fais chauffer un peu d'huile dans la poêle pour cuire la première crêpe.
- Pour les suivantes, on n'a plus besoin d'huile car il y en a assez dans la pâte.
- Les petits Hongrois les préfèrent fourrées avec du fromage blanc sucré et des fraises.

ÄPPELKAKA

(Gâteau aux pommes)

SUÈDE

1 kg de pommes acidulées
300 g de chapelure
200 g de sucre roux
150 g de beurre
Cannelle en poudre

- Épluche les pommes, coupe-les en quartiers, puis en lamelles.
- Beurre un plat à four, soupoudre le fond de chapelure.
- Mets une première couche de pommes, soupoudre de sucre et parsème de quelques lamelles de beurre.
- Recommence : chapelure, pommes, beurre... Termine par la chapelure.
- Saupoudre de cannelle.
- Fais cuire 40 minutes à four chaud (200°, thermostat 6-7).
- Sers tiède avec de la crème fraîche.

MUESLI

(Pour 2 personnes)

SUISSE

1 verre de flocons d'avoine
1 verre de lait
1 yaourt
2 cuil. à soupe de miel liquide
1 cuil. à soupe de raisins secs
Noisettes concassées
1 pomme
Selon la saison, fraises, framboises, pêches fraîches....

- Mélange le miel, le lait et le yaourt.
- Fais tremper dans ce mélange pendant au moins 4 heures, les flocons et les raisins.
- Au moment de servir, râpe la pomme avec sa peau, ajoute les noisettes et les fruits rouges.

TORT MAKOWI

(Gâteaux au pavot)

POLOGNE

1 tasse de farine
1 tasse de sucre
1 tasse de graines de pavot (dans les bonnes épiceries)
125 g de beurre
6 blancs d'œufs
2 cuil. à soupe de miel
1 cuil. à thé de levure
1 poignée de raisins secs

- Verse les graines de pavot dans un saladier et couvre-les d'eau bouillante.
- Laisse-les tremper 2 heures.
- Dans une casserole, fais fondre le beurre, ajoute le sucre, la farine, le miel, les graines (égouttées), la levure, les raisins.
- Bats les blancs d'œufs en neige, puis mélange-les délicatement à la pâte.
- Beurre un moule à cake.
- Mets à cuire 1 heure à four chaud (200°, thermostat 6-7).

BODEMLI-AY

(Croissants de lune aux amandes)

TURQUIE

250 g de farine
200 g de beurre en petits morceaux
100 g de poudre d'amandes
70 g de sucre en poudre
1 cuil. à café d'extrai de vanille

- Malaxe tous le ingrédients pour fair une pâte.
- Sépare des boulette de la taille d'une noix.
- Modèle-les en form de croissants.
- Mets-les au four su la plaque beurrée.
- Cuis au four température moyenn (180°, thermostat 6 jusqu'à ce qu'ils soien dorés.

Toutes ces recettes sont à faire avec ta maman ou ton papa.

FURSECURY

(Petits gâteaux au miel)

ROUMANIE

250 g de farine
100 g de miel
1 œuf + 1 jaune
50 ml de lait
1 cuil. à café de cannelle en poudre
1 cuil. à café de bicarbonate

- Mélange le tout pour btenir une pâte ferme.
- Laisse reposer endant 12 heures.
- Étends au rouleau sur ne plaque farinée.
- Coupe des formes lifférentes : étoiles, œurs, etc. (ou les ronds avec n verre etourné).
- Fais cuire 10 ninutes à four noyen (180°, hermostat 6).

KRUPICONA KASE

(Semoule au chocolat)

RÉPUBLIQUE TCHÈQUE

(Pour 2 personnes)
2 cuil. à soupe de semoule moyenne
2 tasses à thé de lait
1 cuil. à soupe de sucre
1 cuil. à soupe de chocolat en poudre

- Fais bouillir le lait.
- Jette la semoule dedans, puis le sucre, puis le chocolat.
- Fais cuire doucement pendant 15 minutes en tournant souvent.
- Mais attention ! Ne fais pas tout déborder comme dans le conte !

PANNUKAKKU

(Crêpe géante)

FINLANDE

250 g de farine
30 g. de poudre d'amandes
3 œufs
1 pincée de sel
1 cuil. à soupe d'huile
1 cuil. à soupe de lait

- Fais un puits dans la farine.
- Casse les œufs dedans.
- Mélange en tournant délicatement à la cuillère.
- Ajoute le sel, la poudre d'amandes, l'huile et le lait.
- Beurre la grosse plaque creuse du four.
- Verse la pâte dedans.
- Fais cuire à four chaud (200°, thermostat 6-7).
- Surveille la cuisson, pique la pâte quand elle gonfle trop. Quand elle est dorée, retire-la, coupe-la en petits carrés, et parsème-la de baies — groseilles, framboises, cassis — et de sucre. (L'hiver, recouvre-la de confiture de groseilles.)
- Mange-la toute chaude.

KAISERSCHMARREN

("Loupé" de l'Empereur)

AUTRICHE

(Pour 2 personnes)
80 g de farine
1 poignée de raisins secs
125 ml de lait
2 noix de beurre
2 œufs
1 pincée de sel

- Mélange le lait, la farine, le sel et les jaunes d'œufs.
- Bats les blancs en neige et incorpore-les délicatement.
- Dans une poêle, fais fondre la moitié du beurre.
- Verses-y la pâte puis les raisins.
- Couvre et laisse cuire lentement.
- Retourne et remets à chauffer dans le reste du beurre.
- Quand la galette est cuite, la « déchirer » avec la fourchette, et la servir brûlante saupoudrée de sucre.

WATROUCHKA

(Tarte au fromage blanc)

RUSSIE

1 fond de tarte en pâte brisée toute prête
500 g de fromage blanc à 40 %, moulé
3 jaunes d'œufs
80 g de sucre
2 cuil. à soupe de raisins secs
1 cuil. à thé de vanille liquide

- Beurre un moule de 25 cm de diamètre.
- Étale la pâte dessus.
- Fais cuire le fond de tarte 10 minutes à 230° (thermostat 7-8). (Pour ne pas qu'il gondole, garnis-le de haricots secs ou de riz que tu jetteras après.)
- Égoutte bien le fromage.
- Mélange-le avec les jaunes d'œufs, le sucre, la vanille et les raisins.
- Verse sur la pâte.
- Remets au four 20 minutes à 230° (thermostat 7-8).
- Sers tiède ou froid.

J'habite à **PRAGUE**, la capitale, la ville dorée, la ville aux cent tours, où à chaque instant des statues vous regardent.

Voilà ce qu'en disait le poète **Rainer Maria Rilke**, qui y naquit : « Il est particulièrement facile d'être un enfant dans ce pays. Ce que les autres enfants ont du mal à imaginer en s'y mettant à plusieurs, on le trouve ici à chaque coin de rue, à chaque heure du jour. Au fil de la promenade, il n'est pas une église qui ne laisse entrevoir, derrière ses lumières, le reflet des mystères dorés, et sur les grandes places on croit encore entendre la voix sonore des princes d'autrefois.»

A **Pâques**, les garçons tressent des fouets en branches de saule et en menacent les filles pour qu'elles leur donnent des œufs.

LA MONNAIE

La koruna
(couronne tchèque)

MA MAISON

UN POÈME

LE PIGEON VOYAGEUR

Agite un mouchoir blanc
Celui qui fait ses adieux.
Chaque jour quelque
Chose finit,
Quelque chose
De merveilleux.

Le pigeon voyageur frappe
L'air de ses ailes.
Sur le chemin du retour
Espérant, désespérés
Nous revenons toujours.

Essuie les larmes
Et souris un peu de tes yeux.
Chaque jour quelque
Chose commence
Commence quelque
Chose de merveilleux.

Jaroslav SEIFERT 1902-1986

UN TABLEAU

Deux enfants de **Joseph Capek** (1917)

SPORT PRÉFÉRÉ

LE PATINAGE

SPEJBL et HURVINEK
de
Milos KIRSCHNER

UNE INVENTION
Les lentilles de contact

inventées en 1960 par
le professeur **WICHTERLE**.

UN CONTE

L'histoire la plus connue est celle de la dame qui avait oublié sa semoule sur le feu (tu trouveras la recette en page « cuisine »). La semoule a débordé de la casserole, puis de la cuisine, puis de la maison… et a envahi le pays.

DES BONBONS

Les **LENTILKI**,
pastilles de chocolat noir
glacées de sucre de toutes les couleurs.

On adore les marionnettes anciennes,
que l'on manœuvre avec des fils,
ou les nouvelles, que l'on anime pour le cinéma
ou la télévision. Les films les plus célèbres sont
ceux de **Jiri TRNKA** (1912-1969)

UN HÉROS

Le brave soldat SVEJK, ici en marionnette,
est notre héros national.
Il joue les idiots, mais est toujours le plus malin !
C'est **Jaroslav HASEK** qui écrivit
ses aventures en 1912.

...ET DES LIVRES POUR ENFANTS

Les Tchèques ont écrit
et illustré de merveilleux
livres pour enfants.

UNE CHANSON

Le chat se glisse par le trou,
Le chien par la fenêtre,

S'il ne pleut pas,
Nous ne serons pas mouillés.

Dessin de **Josef LADA**

* Piroska signifie :
« petit chaperon rouge ».

LE C

Tartine de saindoux soupoudrée de paprika.

J'habite à **BUDAPEST**, la capitale, qui est formée de deux villes séparées par le **Danube** : **Buda**, la ville ancienne, avec ses collines et ses vieux monuments, et **Pest**, la ville moderne dans la plaine.

On adore les histoires et les dessins animés du petit renard **VUK** crée par **Istvan FEKETE**.

COUTUME DE PÂQUES

A Pâques, les garçons courent après les filles et les arrosent pour la simple goutte de parfum symbolique au gros seau d'eau bien froide. Quand le jou toutes les filles ont u

UN BONBON

le « **SZALON CUKOR** »
Gros bonbon de chocolat, empapilloté de papier brillant, fourré de pâte d'amandes,ou de fruits. A Noël, on l'accroche aux branches du sapin.

Nom le plus répandu :
SZABO

LA MONNAIE

Le forint

TER

Salami,
l'un des meilleurs
saucissons du monde.

MA MAISON

lles leur donnent des œufs. « L'arrosage » va de
âques tombe tôt dans la saison, en mars ou en avril,
me le lendemain !

POURQUOI

LA CROIX DE LA COURONNE DE SAINT ISZTVAN EST-ELLE TOUTE DE TRAVERS ???

Parce que, depuis le XIe siècle, au cours de l'histoire très mouvementée de la Hongrie, la couronne fut volée plusieurs fois par différents révolutionnaires. On ne sait plus qui l'a tordue, mais on ne l'a jamais réparée, car elle est devenue un symbole du tempérament indomptable des Hongrois.

E CHANSON

Petit veau bigarré
Sans oreille et sans queue,
Nous allons habiter
Là où on nous donne du lait.

UNE COMPTINE

Pour amuser les bébés, on joue avec leurs petits doigts :

(on prend le pouce) : il est parti chasser

(2e doigt) : Il a tiré…

(3e doigt) : Il l'a emmené à la maison…

(4e doigt) : Il l'a fait cuire…

(5e doigt) : Et l'itzi-bitzi (le tout petit) s'en est allé...

(on remonte jusqu'au-dessous du bras, puis on le chatouille un bon coup) ...et a tout mangé !

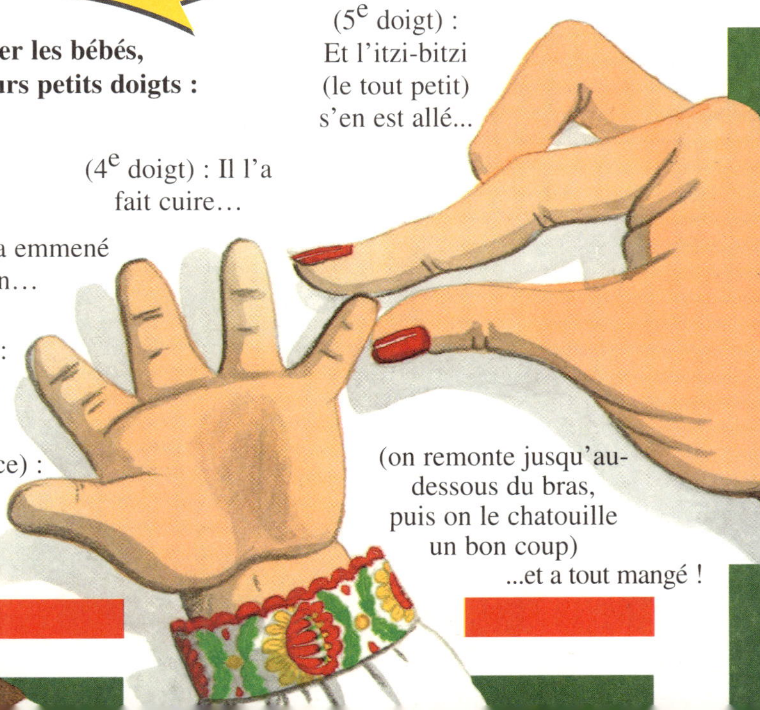

EN HONGRIE ON VIT TRÈS INTENSÉMENT

ON ADORE...

...DANSER

... Toutes les danses, modernes ou folkloriques, mais surtout la plus connue, la plus sauvage : **la csardas.**

...PLAISANTER

... Comme le 1er avril, la « **journée à l'envers** », où l'on va déguisé à l'école, et où l'on échange les rôles avec l'instituteur.

...CE

Dans le costume national, plus on est jeune, plus on met de jupons : à huit ans, on a comme un tutu, à cinquante ans, on a presque une jupe droite...

UN POÈME

Le ciel ferme ses yeux bleus,
Les maisons ferment leurs yeux,
Sous un édredon le pré repose.
Endors-toi, petit Balázs (...)

Le ballon somnole et la pipe,
La forêt et le chemin,
Le ballon dort aussi.
Endors-toi bien, petit Balázs.

Josepf ATTILA (1905-1937)

UNE INVENTION

Le diabolique **RUBIK'S CUBE.**

Non, ce n'est pas le diable qui a i
le RUBIK'S CUBE, c'est **Ern**
un sculpteur hongrois, né

...RÉFLÉ

Lorsque l'on perd une dent de lait, on chante :

Petite souris,
Tu as une dent blanche
comme la neige.
Je te donne
des dents de lait,
Donne-moi
des dents de fer.

UN ANIMAL

La cigogne, qui vit dans les plaines sauvages de la PUSZTA.

UN TABLEAU

Rêve de Blanche Neige et des sept nains, par **Maria SZANTHO** (1898)

...ER

... On apprend la musique à la chorale de l'école, avec la méthode pour les enfants que le grand compositeur **Zoltán Kodáli** (1882-1967) a inventée. Il a aussi rassemblé beaucoup de chansons de l'ancien temps, qui, sans lui, seraient tombées dans l'oubli.

...SE BAIGNER

LA NATATION est notre sport préféré.

...BAVARDER

L'art de la conversation est très hongrois. On se reçoit beaucoup. Le jour de votre fête, tous vos amis viennent vous rendre visite pour bavarder ... un petit peu !

R

... Quand un enfant est vraiment très intelligent, et arrive à réfléchir très très fort, on lui dit : « **tu es un lángesz** », ce qui veut dire : « **un cerveau de feu** ».

... Parfois même
TOUT À LA FOIS
RÉFLÉCHIR, SE BAIGNER ET BAVARDER

... Comme dans les piscines et dans les lacs où l'on peut jouer aux échecs dans l'eau.

...BRODER

Toutes les petites filles apprennent à broder avec leur maman ou leur grand-mère.

A l'heure où nous imprimons ce livre, il est très difficile d'avoir une enfance dans les pays de l'ancienne Yougoslavie. Nous espérons pouvoir illustrer ce chapitre un jour, lorsque les enfants de ces pays auront ce que toute enfance doit avoir :
des jouets, des bonbons, des chansons, des contes de fées, une maman et un papa à la maison... la paix.

Ceux qui font peur au

LE BAU-BAU

ROUMANIE

On n'est pas sûr du nombre de têtes que possède le Bau-Bau, car personne parmi ceux qui l'ont rencontré n'est jamais revenu pour nous le dire. En effet, ce dragon qui vit dans l'ombre mange les petits enfants qu'il trouve — surtout ceux qui ne sont pas sages, prétendent les parents...

STALLO

FINLANDE

Le Stallo est un monstre glacé du Grand Nord. Il vous fait mourir de froid avec son haleine de givre, puis il vous mange avec ses dents d'aiguilles de glace. L'été, sur la toundra, (quand ils sont sûrs de ne pas le rencontrer) les petits enfants lapons jouent au « jeu de Stallo » : l'un d'eux, le géant Stallo, poursuit ses camarades. Celui qui sera attrapé deviendra à son tour Stallo.

KRAMPUS ORDÖ

AUTRICHE HONGRIE

Il se cache sous des noms différents en Hongrie (Ordö) et en Autriche (Krampus), mais en fait, c'est bien le même horrible individu, le diable en personne, tout rouge, avec ses cornes, ses chaînes et son fouet. La veille de la Saint-Nicolas, les grands garçons se déguisent en Krampus et effraient les petits. Pour les consoler, on leur offre des Krampus en chocolat.

LE GOLEM

RÉPUBLIQUE TCHÈQUE

Le Golem est un serviteur étrange, un géant modelé dans la glaise par le rabbin Löw, qui vivait à Prague au XVIe siècle. Pour l'animer, il avait tracé sur son front le mot hébreu « EMET » (vérité). Pour le rendre inerte, il suffisait d'effacer la première lettre « E » pour obtenir le mot « MET » (mort). Mais un jour, le Golem, investi par des démons, dévasta le ghetto avec une terrible violence, tuant tout sur son passage. Le rabbin réussit à l'arrêter juste avant qu'il ne détruise le monde entier.

x enfants

ÖCÜ

TURQUIE

Öcü est un fantôme très méchant qui se croit malin en faisant mourir de peur les petits enfants turcs.

LES TROLLS

SUÈDE

Au cœur des forêts scandinaves rôdent les Trolls imbéciles et méchants, qui enlèvent les enfants perdus. Ils sont très laids et très sales, toujours enrhumés (heureusement, car on les entend venir de loin grâce à leurs perpétuels et dégoûtants reniflements).

BABA YAGA

RUSSIE
POLOGNE

La sorcière Baba Yaga a des dents de fer et **des jambes en os**. Elle habite une isba (maison) montée sur des pattes de poule. Pour éclairer son jardin, elle a accroché sur des piquets des têtes de morts aux yeux lumineux.

LE BABEU

SUISSE

« BEÛEÛEÛEÛÛÛ !... » Qu'il est effrayant le cri du Babeu quand il résonne au crépuscule dans les montagnes ! En l'entendant, les petits enfants suisses pressent le pas pour rentrer chez eux, et refermer à double tour la porte de leur maison.

J'habite à **Moscou,** la capitale, une ville immense construite autour du **Kremlin**, la forteresse des anciens tsars *, aux clochers dorés. Il y a de larges avenues interminables, de drôles de gratte-ciel qui ressemblent à des cathédrales, des stations de métro aussi somptueuses que des palais, beaucoup, beaucoup d'immeubles modernes, et encore quelques **isbas**, les vieilles maisons en bois que nous adorons.

* Empereurs de Russie.

Chez nous, on emploie l'alphabet cyrillique.

А Б В Г Д Е Ё Ж З И Й К Л М Н О П Р С Т У Ф Х Ц Ч Ш Щ Ъ

A B V G D IÉ IO J Z I Ï (BREF) K L M N O P R S T OU F KH TS TCH CH CHTCH SIGNE D…

DES BONBONS

LES KONFIETA, dont on garde les papiers, beaux comme des images, sont des chocolats fourrés, que l'on offre au dessert avec le thé.

UNE CHANSON

L'ANNIVERSAIRE DU CROC…

Qu'ils courent, les maladroits…
Que coule l'eau, en rivières…
On se demande pourquoi je…
En cette journée morose !

Refrain :
Je joue de l'accordéon…
Pour les passants
qui me regardent,
Mon anniversaire,
malheureu-
sement,
N'a lieu
qu'une fois
par an!

L'hiver, il fait très, très froid. On patine sur les rivières gelées. On fait de la luge, du hockey (nos sports préférés). Malgré la température, on joue aux échecs dehors et on mange beaucoup de glace!

Le dégel est un moment ext…
La neige fond. Dans la rue, …
voguer de petits bateaux. Le…
qui étaient restées fermées …

ONNAIE

Le rouble.

LE PETIT DÉJEUNER

Le petit déjeuner est
un vrai repas très copieux,
par exemple : thé
(que l'on boit dans
des verres), blinis,
fromage blanc,
salade à la crème, pirochki
(petits pâtés à la viande
ou au chou),
confiture.

UN TABLEAU

Portrait de son fils, par le peintre **Mikhaïl Vroubel** (1856-1910).

extraite du dessin animé préféré des enfants.

JOUETS PRÉFÉRÉS

On collectionne les jouets en bois de la Volga, surtout les **Matriochka** qui s'emboîtent sans fin les unes dans les autres (en général, on perd la plus petite !).

aire. Soudain il fait plus doux. On entend la glace craquer.
des trottoirs, coulent de véritables rivières, où l'on fait
s sont surexcités. On ouvre les doubles fenêtres
ver : **Le printemps est arrivé !**

L'été, il fait très, très chaud. Le vent brûlant roule à travers Moscou la poussière des steppes. On se baigne, on mange encore plus de glaces, on pique-nique dans les forêts. Puis, c'est le bref **automne** doré, et l'hiver recommence.

LES CONTES RUSSES

Quand on se promène dans les grandes forêts de bouleaux, où le soir on entend hurler les loups, on croit entrevoir les personnages des contes de fées russes : **Vassilissa la très belle** et la poupée magique que sa maman, en mourant, lui avait donnée pour la protéger ; **le prince Ivan** qui s'en fut chercher **l'Oiseau de feu**, avec l'aide du **Loup gris** ; **la princesse grenouille** (qu'il faut épouser sans hésiter !) et quelques très inquiétants méchants : **Kochtcheï**, l'enchanteur décharné, et **Babayaga**, la sorcière, grande croqueuse de petits enfants.

...ET LEUR ILLUSTRATEUR

Rarement contes de fées ont trouvé un illustrateur aussi merveilleux qu'**Yvan Bilibine** (1876-1942), qui voyageait à travers la Russie pour en étudier le folklore, l'histoire et l'architecture. Il créa des images magiques qui ont symbolisé l'âme slave pour des générations d'enfants.

Fusée
Le petit homme pensif, il a trois ans,
Qui s'est approché de la vitre
pour penser les mondes, regarde le ciel
et songe puiser la Voie Lactée
avec la Grande Ourse.

Kogan Pavél
(1918-1943)

MA MAISON

Moscou, les cours des groupes d'immeubles uniquent entre elles, formant des territoires clos où les enfants peuvent jouer sans être eillés. Les parents leur installent des balançoires l'hiver, leur construisent de grands tas de neige our faire de la luge. Tout se passe dans les cours : itiés, jeux, aventures, bagarres, premières amours... **Les cours sont le vrai domaine des enfants**.

En 1957, on a lancé SPOUTNIK (compagnon de route), le premier satellite artificiel qui a tourné autour de la terre.

PETROV
est le nom de famille
le plus répandu.

Chez nous, entre son prénom et son nom de famille on intercale un troisième nom : **le patronyme** (c'est le nom de son père, auquel on ajoute **OVITCH** si l'on est un garçon, et **OVNA** si l'on est une fille). Moi, par exemple, je m'appelle **SACHA IVANOVITCH PETROV** (car le nom de mon père est **IVAN**).

JEUX PRÉFÉRÉS

Les échecs, la passion nationale, à tout âge !

...C'est le bruit des dominos, un autre jeu que nous aimons beaucoup.

...C'est aussi le bruit du boulier sur lequel nous apprenons à compter.

Mon pays est immense. Il faut huit jours au Transsibérien pour aller de la capitale à l'autre bout du pays (9 000 km).
Quand il est midi à Moscou, il est 19h à Vladivostok, sur le Pacifique !

Vocabulaire

FRANÇAIS	SUISSE ALLEMAND	SUISSE ITALIEN	ROMANCHE	AUTRICHIEN	ROUMAIN	PO
OUI	JA	SI	IA	JA	DA	
NON	NEIN	NO	NA	NEIN	NU	
VERT	GRÜEN	VERDE	VEARD	GRÜN	VERDE	Z
S'IL VOUS PLAÎT	BITTE	PER FAVORE	ROGAZTGEUN	BITTE	VÁ ROG	P
MERCI	DANKE OU MERCI	GRAZIE	ANGRAZTG	DANKE	MULTUMESC	DZ
ROUGE	ROT	ROSSO	COTSCHEN	ROT	ROSU	CZ
BONJOUR	GUETÀ MORGE	BUONGIORNO	BUNDE	GRÜSS GOTT	BUNĂ ZIUA	DZI
AU REVOIR	TSCHAU	ARRIVEDERCI	ADIA	SERVUS	LA REVEDERE	DOV
JAUNE	GELB	GIALLO	MELLEN	GELB	GALBEN	
UN DEUX	EIS ZWEI	UNO DUE	OIN DEUS	EINS ZWEI	UNU DOI	JED
TROIS QUATRE	DREI VIER	TRE QUATTRO	TRAIS QUATTER	DREI VIER	TREI PATRU	TRZ
CINQ SIX	FÜF SECHS	CINQUE SEI	TSCHENTG SOIS	FÜNF SECHS	CINCI SASE	PIE
SEPT HUIT	SIBE ACHT	SETTE OTO	SEAT OTSCH	SIEBEN ACHT	SAPTE OPT	SIED
NEUF DIX	NÜN ZEH	NOVE DIECI	NOV DIESCH	NEUN ZEHN	NOUĂ ZECE	DZIEWI
ONZE	ELF	UNDICI	ENDESCH	ELF	UNSPREZECE	JEDEN
DOUZE	ZWÖLF	DODICI	DODESCH	ZWÖLF	DOISPREZECE	N
BLEU	BLAU	AZZURO	BLO	BLAU	ALBASTRU	NI
PAPA	PAPI	PAPÀ OU BABBO	BAB	PAPA OU VATI	TATA	
MAMAN	MAMI	MAMMA	MAMA	MAMA OU MUTTI	MAMA	I
BLANC	WIS	BIANCO	ALU	WEISS	ALB	I
PAPY	GROSSVATER	NONNO	TAT	OPA	BUNIC OU TATA MARE	D
MAMY	GROSSMUTTER	NONNA	TATTA	OMA OU OMI	BUNICĂ OU MAMA MARE	B
NOIR	SCHWARZ	NERO	NAIR	SCHWARZ	NEGRU	C
MONSIEUR	HERR	SIGNORE	SIGNEUR	HERR	DOMNUL	
MADAME	DAME	SIGNORA	DONA	FRAU	DOAMNA	
ORANGE	ORANGE	ARANCIO	ORANGE	ORANGE	PORTOCALIU	POMA
PIPI	BISI	PIPÌ	PISCH	PIPI OU LULU	PIPI	S
CACA	KAKI	CACCA	KAK	GAGA	CACA	I
VIOLET	VIOLET	VIOLETTA	VIOLET	VIOLETT OU LILA	VIOLET OU MOV	FIO

S	TCHÈQUE	TURC	HONGROIS	SUÉDOIS	FINLANDAIS	RUSSE
	ANO	EVET	IGEN	JA	KYLLÄ	ДА DA
	NE	HAYIR	NEM	NEJ	EI	НЕТ NIET
	ZELENÁ	YEŞIL	ZÖLD	GRÖN	VIHREÄ	ЗЕЛЁНЫЙ ZILIONÉ
	PROSÍM	LÜTFEN	KÉREM OU TESSÉK	VAR SÅ SNÄLL	OLE HYVÄ	ПОЖІАЛУЙСМА PAJALSTA
E	DĚKUJI	TEŞEKKÜR	KÖSZÖNÖM	TACK	KIITOS	СПАСИбО SPASIBA
Y	ČERVENÁ	KIZIL OU KIRMIZI	PIROS	RÖD	PUNAINEN	КРАСНЫЙ KRANÉ
RY	DOBRÝ DEN	GÜNAYDIN	ADJ ISTEN	GODDAG OU HEJ	PÄIVÄÄ	ЗДРАВСТВЧЙ SDRASVOY
IA	NA SHLEDANOU	GÜLE GÜLE	VISZONTLÁTÁSRA	ADJÖ OU HEJ DÅ	NÄKEMIIN	ДО СВИДАНИЯ DAS VIDANIA
	ŽLUTÁ	SARI	SÁRGA	GUL	KELTAINEN	ЖЁЛТЫЙ JOLTÉ
A	JEDNA DVĚ	BIR IKI	EGY KETTÖ	ETT TVÅ	YKSI KAKSI	ОДИН ДВА ADIN DVA
RY	TŘI ČTYŘI	ÜÇ DÖRT	HÁROM NÉGY	TRE FYRA	KOLME NELJÄ	ТРИ ЧЕТЫРЕ TRE TCHITERI
C	PĚT ŠEST	BEŞ ALTI	ÖT HAT	FEM SEX	VIISI KUUSI	ПЯТЬ ШЕСМЬ PIET CHEST
EM	SEDM OSM	YEDI SEKIZ	HÉT NYOLC	SJU ÅTTA	SEITSEMÄN KAHDEKSAN	СЕМЬ ВОСЕМЬ SIEM VOCIM
ESIEC	DEVĚT DESET	DOKUZ ON	KILENC TÍZ	NIO TIO	YHDEKSÄN KYMMENEN	ДЕВЯТЬ ДЕСЯТЬ DIEVIT DIESIT
DWA-	JEDENÁCT	ONBIR	TIZENEGY	ELVA	YKSITOISTA	ОДИННАДЦАТЬ ADINASIET
	DVANÁCT	ONIKI	TIZENKETTÖ	TOLV	KAKSITOISTA	ДВЕНАДЦНТЬ DVINASIET
I	MODRÁ	MAVI	KÉK	BLÅ	SININEN	ГОЛЧбОЙ GALOUBOÏ
	TÁTA OU TATÍNEK	BABA	PAPA OU APA	PAPPA	ISÄ	ПАПА PAAPA
	MÁMA OU MAMINKA	ANNE	MAMA OU ANYU	MAMMA	ÄITI	МАМА MAAMA
	BÍLÁ	BEYAZ	FEHÉR	VIT	VALKOINEN	ЬЕЛЫЙ BIELI
	DĚDEČEK	DEDE	NAGYPAPA	MORTAR	PAPPA	ДЕДА DIADA
	BABIČKA	BVYUK ANNE	NAGYMAMA	MORMOR	MUMMU	БАБА BAABA
	ČERNÁ	SIYAZ	FEKETE	SVART	MUSTA	ЧЁРНЫЙ TCHORNÉ
	PÁN	BAY	...	HERR	HERRA	ГОСПОДИН GASPADINE
	PANÍ	BAYAN	...	TRU	ROUVA	ГОСПОЖА GASPAJA
OWY	ORANŽOVÁ	TURUNCU	NARANCS	ORANGE	ORANSSI	ОРАИНІЕВЫЙ ARANGEVÏ
	PIPI	ÇIS	PISI	KISS	PISSA	ПИПИ PIPI
	KAKAT	BOK	KAKI	BAJS	KAKKA	КАКА KAKA
Y	FIALOVÁ	MENEKŞE	LILA	LILA	VIOLETTI	ФИОЛЕТОВЫЙ FIALETOVII

BONJOUR, JE M'APPELLE IOANNA, J'AI 8 ANS, ET JE VAIS VOUS PARLER DE LA ROUMANIE.

Quand il fait beau, toute la famil
sur les lacs autour de

UN BONBON

L'ALVITA, délicieux nou
très collant, au miel
aux amandes.

J'habite BUCAREST, la capitale, une grande ville moderne que l'on a surnommée « **le petit Paris** » au XVIIIe siècle, tant il y avait d'échanges entre les deux cités. Ma ville et mon pays se remettent tout juste de la domination d'un dictateur, qui leur avait fait beaucoup de mal. Mais la vie recommence et les enfants sont là pour donner du courage aux parents.

MA M

On adore les pique-niques, qu'on organise pour les fêtes, les baptêmes, les mariages… et même les enterrements.

PORTE-BONHEUR

Le 21 mars, pour MARTISZOR, la fête de printemps, on s'offre de jolis **porte-bonheur** minuscules. (Cette coutume nous vient directement du Nouvel An des anciens Romains.)

ire du bateau
st.

UN ANIMAL

Sur le **delta du Danube**, au-dessus des roseaux et des marais, on voit des milliers de **pélicans blancs** s'envoler vers **la mer Noire**, dont les eaux, parfois, « paraissent noires comme si la nuit y avait fait son berceau ».
(Vintila Horia)

SPORT PRÉFÉRÉ

Ion Creanga
(c'est lui sur le timbre)
(1839-1889).
C'était un écrivain très amoureux de son enfance, qu'il a racontée dans les livres très aimés, que les enfants roumains lisent à l'école et à la maison.

LE PETIT DÉJEUNER

Les Roumains ont un don naturel pour la musique. Avec des roseaux, on se construit des NAÏ, **flûtes de Pan,** et l'on joue des airs populaires qui nous viennent du fond des âges.

UN TABLEAU

Portrait d'enfant, par **Nicolae N. TONITZA** (1886-1940)

UNE CHANSON

Escargot, escargot
Pousse tes cornes comme le bœuf.
Va à l'étang boire de l'eau chaude.
Va au Danube boire de l'eau salée.
Monte sur un arbre et mange de la salade !

On dit que si l'escargot montre ses cornes en entendant cette chanson, celui qui chante est un enfant sage.

UNE REINE QUI ÉCRIVIT DES CONTES DE FÉES

Carmen SYLVIA, bien connue pour ses poèmes et ses histoires pour enfants, était en fait la princesse **Elisabetha Paulina Olivia Luiza de Wied, femme du roi Carol Ier de Roumanie**. Elle avait choisi son nom de plume car il voulait dire « chanson de la forêt » en latin. Elle commença à écrire pour surmonter la mort de sa fille de quatre ans Marie, le jour de Noël. Elle disait « Dieu l'a rappellée à lui car il lui manquait un ange ». D'une merveilleuse beauté, d'une grande générosité, la reine avait de surcroît beaucoup de talent. Ses contes s'inspirent de la nature formidable des Carpates, et de l'ambiance mystérieuse de son château de Peles.

AGHIUTA

On raconte que les enfants ont **un petit ange sur l'épaule droite, et un petit diable, AGHIUTA, sur l'épaule gauche**.
À ceux qui font trop de bêtises, on dit : « Ne penche pas tout le temps la tête à gauche, tu écoutes trop Aghiuta !»

UNE INVENTI

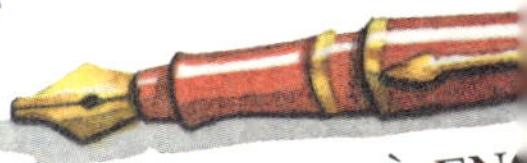

LE STYLO À EN
par **Petrache Poenaru** (

UN PO

POUR END
MITZO

Donne-lui une petite
Dans un pay
Pas plus haute q
Pas plus large q
Avec un lac
Un bateau en
Assez clair pour
Tout ton ciel e

Poème de **Tudo**
(1880-19
pour sa fille

Le vrai prince
des films ou du r
(« Dracul

Le prince était
du sang humain : ce
Il

875)

Nom le plus répandu :
POPESCU

LA MONNAIE

Le lei

R

n, seigneur
leil,
fleur,
oreille.
etil,
ettes
reflète,
ini...

ezi

a

Portrait d'époque du véritable Dracula

LE VRAI DRACULA

ULA, né à Sighisoara en 1430, était **encore pire** que celui
Bram Stocker. Son nom lui venait de son père, **Vlad Dracul**
dire dragon ou diable), ainsi nommé car il appartenait
à l'ordre des chevaliers du dragon.
eux mais terriblement cruel. Ce n'est pas vrai qu'il buvait
mait, c'était faire mourir les gens en les enfonçant sur des pieux.
ait tellement ce spectacle, qu'il faisait dresser
able de son dîner devant les exécutions.

سليم

Ça c'est mon prénom, **Selim**, en calligraphie arabe.

On met son
en
(pour sav
Piti piti pani

MA MAISON

J'habite à **ISTANBUL***, une très grande ville qui est juste à cheval entre l'**Europe** et l'**Asie**. Ma ville est si ancienne, il s'y est passé tant de choses, que dans l'histoire elle a porté plusieurs noms : D'abord **Byzance,** du temps des anciens Grecs, quand **Byzas de Mégare** la fonda en **660 avant Jésus-Christ** ; puis **Constantinople**, lorsque, en 324, l'empereur Constantin en fit la **capitale de l'Empire romain d'Orient** ; enfin **Istanbul** quand le sultan **Mehmet II** la conquit en 1453.

** Istanbul est la plus grande ville de Turquie, mais la capitale est ANKARA.*

LE PETIT DÉJEUNER

LES ANGES DE SAINTE-SOPHIE

SAINTE-SOPHIE est un lieu **magique**. D'abord cathédrale, puis mosquée, de nos jours elle est devenue un musée. Les musulmans pensent que des légions d'anges tournent sans cesse autour de sa coupole. Les chrétiens pensent qu'**un ange s'est fondu à l'intérieur d'un des piliers, pour protéger à jamais le temple de Dieu**.

Depuis le XIIe siècle, on est obligé de protéger ce pilier avec des plaques de métal, pour éviter l'usure des milliers de mains qui le touchent

La livre turque

RT PRÉFÉRÉ

LA LUTTE

On comprend pourquoi
t comme un Turc »
ces farouches lutteurs en
se jeter l'un sur l'autre,
ile d'olive, sous les
oule.

ÔÔÔÔÔÔÔ.
dans sa bouche, et on l'agite de haut
uis on commence à compter
r exemple, qui commencera un jeu).
aramels la balance élastique gymnastique

FÊTE PRÉFÉRÉE

Notre fête préférée est **SEKER BAYRAMI**, la joyeuse fête du sucre qui célèbre la fin du RAMADAN*. On se rend visite en famille, on s'offre des gâteaux qui ont de drôles de noms : rahat loukoum (repos de la gorge), lèvres de belle, nombril de dame, croissant de lune, extase de l'imam. On aime tellement les sucreries qu'on appelle les enfants « tatlem » (ma confiture) ou « chekerim » (mon sucre).

**Mois où les musulmans adultes n'ont pas le droit de manger du lever au coucher du soleil.*

LES PASTÈQUES
mais je me fais gronder par maman si je laisse des pépins partout.

BONNES MANIÈRES

Chez nous, les enfants sont élevés dans le **respect des anciens**. Pour saluer son grand-père, on lui baise la main, puis on la porte à son front.

2e FÊTE PRÉFÉRÉE

LA FÊTE DES ENFANTS

3 avril, c'est le fête de tous les enfants.
e va pas en classe, on fait des spectacles,
cite des poésies, on défile en musique
nt le portrait de notre héros national,
tapha Kemal ATATÛRK, « le père des
s », qui a fondé la Turquie moderne.

Ma grand-mère lit l'avenir dans les tasses de café.

** Cérémonie religieuse musulmane, où les petits garçons rentrent dans la communauté des fidèles. A cette occasion, on leur coupe la petite peau du bout du zizi.*

NOM LE PLUS RÉPANDU

ÔZTURK

qui veut dire « vrai turc »

Dans les montagnes de l'Est du pays, près de l'**Arménie**, des archéologues cherchent inlassablement les restes de l'**ARCHE DE NOÉ**, qui se serait échouée sur le **mont Ararat.**

PAS DE PITIÉ POUR LES PETITS FRÈRES

Du temps des sultans, lorsqu'un prince héritier accédait au trône, **il faisait assassiner tous ses frères cadets, afin d'éviter tout complot ou revendication**. On abandonna cette pratique après l'horreur de l'avènement de Mehmet III en 1595, qui fit étrangler ses 19 jeunes frères, et noyer 7 femmes enceintes de son père.

Nasreddin Hodja
ne peut rentrer chez lui la nuit car il a perdu ses clés devant sa porte. Il y a une lanterne au coin de la rue. Il va voir s'il n'y trouve pas ses clés. Sa femme lui dit : « Mais je croyais que tu les avais perdues devant la porte. » Il répond : « Bien sûr, mais devant la porte il n'y a pas de lumière, alors je ne les trouverai jamais ! »

UN POÈME

Je danse et mes mains
se font arbre,
je tourne en rond
comme la lune
Mon cercle couleur de terre
est plus pur
que les cercles du ciel.

Les derviches tournent pendant des heures pour se rapprocher de Dieu. Si vous regardez bien, vous verrez qu'ils ont la **main droite tournée vers le ciel** (pour recevoir l'énergie divine), et la **main gauche tournée vers le sol** (pour la communiquer à la terre).

Nasreddin Hodja
est monté sur son âne. Il peine, car il porte un sac très lourd sur son épaule. Quand sa femme lui demande pourquoi, il répond : « Le pauvre animal me porte déjà ! Si en plus je lui faisais porter mon sac ! »

CHÂTEAUX DE COTON ET CHEMINÉES DE FÉES

Les paysages de l'Anatolie sont les plus étranges du monde, comme les « **cheminées de fées** », restes d'anciennes éruptions volcaniques, ou les « **châteaux de coton** », cascades d'eau pétrifiées coulant de vasque en vasque.

ROS PRÉFÉRÉ

Depuis tout petits, t aux bonnes histoires **ASREDDIN HODJA**, le héros turc semble avoir vécu au **XIIIe siècle.**

Nasreddin Hodja *voyant la lune se refléter au fond d'un puits s'écrie : « Ciel, la lune est tombée au fond du puits ! » Avec un crochet, il tente de la remonter. Le crochet s'accroche contre les parois, puis cède brutalement. Nasreddin Hodja tombe, les quatre fers en l'air, sur le dos. Il aperçoit alors la lune dans le ciel et dit : « Aïe ! aïe ! je me suis fait mal, mais au moins, j'ai remis la lune à sa place ! »*

Nasreddin Hodja *tombe de son âne. Les enfants se moquent de lui. Il leur dit : « Il n'y a pas de quoi rire, de toute façon j'allais descendre. »*

UNE INVENTION

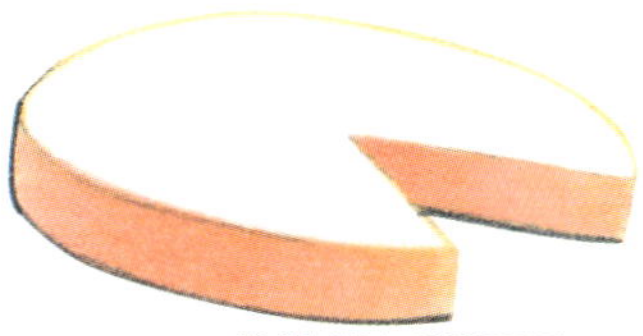

LE YAOURT
que l'on coupe en tranches.

Remerciements

Ce livre a été réalisé avec la collaboration de :

Martine Benguigui • Philippe Clémenceau • Christine Corniolo • Eléonore de Greef • Monika Lendl • Emmanuelle Massonaud • Angela Neuwirth • Cécile Nougaro • Hélène Perdereau • Madie Pescarolo • Marie-Thérèse Poux • Frédéric Seigneur • WAG

Nous remercions tous les amis européens qui nous ont apporté leur aide.

Laurence Aboucaya • Tarja Auranaho • Draga Bailly • Julius Baliszewski • Nina Bartsch • Sophie Backer • Ewa Bobrowska-Jakubowska • Liliane Boucheron • M. Bou Hassan • La Boutique Suédoise • Maureen Browne • Dominique Castka • Centre culturel suédois de Paris • Centre culturel tchèque de Paris • Lelika Codreanu • Cathy Cona • Pierre Couperie • Jean Csergö • Selçuk Demirel • Maria Dulemba • Marie-Pierre Dupond • Jaroslav Durdis • Eddy • Les Editeurs réunis • Claude Fabre • Simona Facalav • Natacha Fialkovsky • Olenka et Nathalie Fiszman • Fred • Adam Galkowski • Martine Galland • Manuela Giroud • M. Grandjean et le Centre culturel suisse de Paris • Michèle Hechter

Pinar Hukum • Selim, Cidem et Rukkige Ibis • Institut finlandais • Vaclav Jamek • Martine Jaques-Dalcroze • Jiri Jiru • Marie-Thérèse, Christophe, Manuel, Yannick, Diégo et Baptiste Jobin-Viret • Raisa Jokinen-Lacheb • Luba Jurgenson • Anna Korbik • Docteur Christine Lechner • Maria Lendl • Marlène Lenz • Bénédicte Lièvre • Le Livre Ouvert-Paul Gauthier • Gérard Lo Monaco • Catherine Louis • Sylvie Loussier • Luda et Nikita • Pierre-Michel Meier • Valérie Mitard • Jean-Pierre Mokby • Sophie Mousset • Olivia Nadal • Professeur Mag. E. Nemeth • Thierry Oppikofer • Librairie Özgül • Christa, Theresia, Agnès, Barbara et Nikolaus Pachucki • Séza Paker et ses enfants • Roswitha Pipek • Jenny et Evelyn Puchner • Catherine Rauly • Sebastian Reichmann • Maria Ridelberg-Lemoine • Jocelyne Rigot • Bernard Ringeissen • Anne-Marie Sagaire • Magdalena et Teresa Sozinska • Mme Spadaccini et le musée des Arts décoratifs de Paris • Laurent Spielvogel • Marie-Claude Taillens • Josette Tavera • Cyril de Turckheim • Emmanuel Weinstraub.

Merci aux 220 hôtels NOVOTEL d'Europe pour l'accueil enthousiaste qu'ils réservent toute l'année à plus de 400 000 enfants européens.

CRÉDITS

SUÈDE

Lisbeth à la pêche, de Carl Larsson, © Nationalmuseum, SKM, Stockholm.

FINLANDE

Petite fille à la barrière, d'Hélène Schjerfbeck, © les détenteurs des droits d'H. Schjerfbeck, 1995.

AUTRICHE

Portrait de Mäda Primavesi, de Gustav Klimt, © The Metropolitan Museum of Art, New York.

SUISSE

Rotozaza, d'après Jean Tinguely, © ADAGP, Paris, 1995.

Clair de lune, extrait du recueil *Au cœur du monde* de Blaise Cendrars, © Editions Denoël.

Portrait de mon fils (Kinderbild), de Johannes Itten, © SPADEM, 1995.

POLOGNE

Petite fille à la bougie, de Stanislas Wyspianski, © Musée national de Varsovie.

Comme les rayons du soleil..., d'Andrezej Morszlyn, extrait de *L'anthologie de la poésie polonaise*, © L'Age d'Homme, Lausanne.

RÉPUBLIQUE TCHÈQUE

La citation de Rilke est extraite de la revue *Ver Sacrum* n°7, avril 1900.

Deux enfants, de Joseph Capek, © Galerie nationale de Prague.

Chanson ou *Le pigeon voyageur*, extrait de *Les danseuses passaient près d'ici*, de Jaroslav Seifert, © Jaroslav Seifert, © Actes Sud, 1987, pour la traduction française.

HONGRIE

Rêve de Blanche Neige et des Sept Nains, de Maria Szantho © SPADEM, 1995.

La représentation du Rubik's CubeTM a été autorisée par Seven Towns Ltd.

RUSSIE

Fusée, de Pavel Cogan, extrait de *La poésie russe*, traduction Elsa Triolet © Seghers.

Pour les illustrations d'Ivan Bilibine, © Musée Goznak, Moscou.

Chanson du crocodile Guénia © Editions Mélodia, Moscou.

Portrait du fils de l'auteur, de Mikhail Vrubel, © Musée russe de Léningrad.

ROUMANIE

Portrait de Vlad IV Tzepesch (Dracula), © Kunsthistorisches Museum, Vienne.

La gravure des empalés est extraite de l'*Histoire du voïvoide Dracula* publiée par Mathias Hupfhuff en 1500, © Bibliothèque de la ville de Colmar, inc. CG-11536.

Krtkova Dobrodruzstvi (la petite taupe de Zdenek Miler), © Vyrobila Distribuce KF a.s.

Les trois petits rois mages sont extraits de *Pro nase deti a mamy*, de Marie Fischerova-Kechova, © Editions Albatros, Prague.

Ladovy vesele ucebnice Savci, de Josef Lada et Ladislav Stehlik, © Ladislav Stelik, 1977, illustrations © Alena Ladova, 1977 - Editions Albatros, Prague.

Dasenka cili zivot stenete, de Karel Capek, © Editions Albatros, Prague.

Ferda V cizich sluzbach, de Ondrej Sekora, © Ondrej Sekora, 1962, Editions Albatros, Prague, 1993.

Imprimé en France par I.M.E. - 25110 Baume-les-Dames
Photogravure M.C.P.
Dépôt légal n° 7364 - Octobre 1995
22.14.3208.01/0
ISBN 2.01.223208.6
Loi n° 49-956 du 16 juillet 1949
sur les publications destinées à la jeunesse

NORVÈGE
SUÈ
Oslo
ÉCOSSE
Glasgow
ROYAUME-UNI*
IRLANDE DU NORD
Belfast
Dublin
IRLANDE*
Mer du Nord
DANEMARK*
Copenhague
PAYS DE GALLES
Cardiff
ANGLETERRE
Londres
Hambourg
Amsterdam
Berlin
PAYS-BAS*
La Haye
Bruxelles
BELGIQUE*
Francfort
LUXEMBOURG*
Luxembourg
ALLEMAGNE*
Prague
RÉPUBLIQU
TCHÈQUE
Océan Atlantique
Paris
FRANCE*
Strasbourg
Vienne
Berne
Genève
SUISSE
AUTRICHE*
Bordeaux
Ljubljana
SLOVÉNIE
Zagre
CROAT
Milan
BOSNI
HERZÉGOVIN
Marseille
ESPAGNE*
Lisbonne
Madrid
Barcelone
ITALIE*
PORTUGAL*
Rome
Mer Méditerranée
* Pays appartenant à l'Union européen